AF235551

Gewidmet der ersten und ältesten Kultur der Menschheit: „Wir Naturreligiösen wollen nur Frieden, Gerechtigkeit und Selbstbestimmung."

Originalausgabe

Heidländer vereinigt euch!

naturreligiöse Gedichte von Mathias

Bibliografische Information der Deutschen Nationalbibliothek:
Die Deutsche Nationalbibliothek verzeichnet diese Publikation
in der Deutschen Nationalbibliografie; detaillierte
bibliografische Daten sind im Internet über dnb.dnb.de abrufbar.

© 2020 Mathias Bellmann
Herstellung und Verlag: BoD – Books on Demand, Norderstedt
ISBN: 978-3-7526-1232-5

Jack der Schamane

Der dumpfe Trommelschlag dröhnt.
Der Rauch des wilden Feuers fegt.
Ein weites Feld: Kühe und Brennnesseln.

Nackte Leiber, die sich aalen
Neben brennenden Steinen.

Winterliches Silvester:
Ein alter Ureinwohner Amerikas
Führte mich in eine neue Welt.

Heidnisch

Frei wie die Vögel:
Fliegt!
Nach Jahren, Jahrzehnten,
Jahrhunderten: fliegt.
Heidländer fliegt!

O ihr bezaubernden Heidländerinnen.
O ihr Reinen, die ihr begabt seid
In der Kunst des Liebesspiels,
Wie keine zweiten in der Zeit.

Tanzt! O tanzt im Reigen!
Hand in Hand lasst euch treiben.
Tanzt. Tanzt, denn da ist nichts,
Nur das hier und jetzt!

Na-tu-r

Natur.
Natürlich.
Naturreligiös.
Naturreligiöse.

Naturreligiöse sind Menschen,
Die die Natur heilig fühlen
Und heilen.

Jahrmarkt

Ein Kind tanzt in den Reigen.
Es wirbelt in kindlichen Weisen.
Die Lagerfeuer flackern heiß.
Beim Tanzen tropft der Schweiß.

Met fließt in goldenen Strömen.
Ein Krug wird mich versöhnen.
Die Stimmung ist grandios.
Wir feiern frei und zügellos.

Magischer Sexus

Wenn der Gehörnte der Wälder
Dir den vollkommenen Orgasmus
Versprechen würde?
Jener Sexus,
Den einst junge Frauen wählten;
Auch wenn sie dafür
auf dem Scheiterhaufen
brennen mussten.

Würdest du mit dem Gehörnten
tanzen?

Magie

Einst traf ich einen großen Zauberer.
Er lehrte mich den inneren Zauber,
Die Zeit länger erleben zu lassen.

Heute treffe ich ständig Menschen,
Die sagen, ihre Zeit rennt immer
Schneller, je älter sie werden.

Ihr glaubt nicht an die Zauberei.
Das macht Sinn, so lange ihr nicht
wahre Magie erlebt.

Bäume

Welk und frisch;
Aus dem Samen gebar
Die Welt diesen Baum.

Welk und frisch;
Dieser Baum gebar
Den Samen der Welt.

Hail o Yggdrasil:
Weltenbaum der Universen gebar.
Drei Frauen erscheinen mir im Traum.
Geleiten mich meiner Wege.

Himmelsstürmer

Hinterm Mond,
Wo ein Geheimnis wohnt.
Dort will ich dich treffen
Und unsere Herzen vernetzen.

Wir sind die Vögel des Friedens;
Wir sind die, die lieben.
Uns ist die Kraft gegeben,
Das alles zum Glanz zu führen.

Ein naturreligiöses Kind

Sie und ihre Welt.
Ich und meine Welt.
Was ist es, dass
Uns noch zusammenhält?

Sie und ihre Werte.
Ich und meine Werte.
Einst war es ihre
Zuneigung, die ich begehrte.

Sie und ihre Probleme.
Ich und meine Probleme.
Einst Teil ihrer Welt
Sein zu wollen,
Ist es, wofür ich
Mich heute schäme.

Liebesgott

Herzschläge;
Amor rede!
Verrat mir das
Geheimnis der Liebe.

Ich werde es nur einmal gebrauchen.
Was brauch´ ich tausend Frauen?
Eine! - nur eine will ich.

Das große Geheimnis der Liebe
Ist es, dass ich suche.
Amor, führe mich zu ihr!

Suchende

Ich bin die Antwort auf deine Frage.
Du fragst. Ich kam.
Denn ich bin der,
Der sieht und gebiert.

Ich gebäre dir ein Äon.
Ich gebe dir Sonnenlicht,
Den Mond, die Berge und das Wasser
Aus dem Brunnen der Erkenntnis.

Gelobtes Land

Du sagst, der große Schamane wird nicht
kommen.
Du sagst, der Druide mit göttlicher Macht
erscheint nie.
Du sagst, das Heidland ist tot.

Ich sage dir, ich bin hier.
Ich sage dir, folge mir
In eine neue Welt.
Das Heidland ist nah.
Das Heidland ist wahr.

Urd – Schicksal

An einem großen Baum
Sitzt eine alte Frau
Und rührt in ihrem Kessel.

Jeder Held kennt ihren Namen
Und wünscht ihren Segen.
Jede Heldin weiß,
Sie ist die Frau, die beweist:
Die Größe weiblicher Macht.

Tyche

Ihr Sinn erwacht
Aus der Träume Kraft.
Alte magische Schwüre;
Rituale hinter Türen.

Ihre Macht entfesselt.
Das Heidenvolk gerettet.
Eine neue Welt
In der Frieden lebt.

Fäden

Hier und dort.
Nah und doch fort.
Die Ferne der Träume.
Hier unterm Weltenbaume.
Daneben sitzen sie
-die Heiligen-
Schicksalsmächtige Nornen:
Mit Liebe weben
Sie unsere Schicksalswege.

Bannspruch

Wellen und Ozeane der Sorgen:
Hinfort!

Ich vertreibe euch von diesem Ort.
Ich nehm´euch die Macht!
Es wäre nämlich gelacht,
Könnt´ ich euch nicht besiegen
Und in Frieden leben.

Magie lebt

Ihr glaubt nicht an Magie, nicht an Zauberei,
nicht an die Kraft der Wunder.
Aber was ist dann bitte Liebe?

Was ist Liebe anderes als Magie,
Zauberei, große Kraft, wahres Wunder?

Ein Tag im Harz

Treiben
Über Weiden
Durch die Heiden
Mit Wanderstiefeln

Wandern
Neben Tannen
Kurz rasten
Es singen Spatzen

Spazieren
Zu vielen
Pausieren
Augenblicke genießen

Heiden

Das Kind der Heiden erwacht.
Lange musste es vor der Welt fliehen.
Krieg. Krieg. Krieg gegen alles.
Krieg gegen die Erde.

Die Blume des Friedens erblüht.
Zart sind ihre Stängel.
Kein Wind, dem sie standhält.
Gold glänzt ihre Blüte.

Ein neues Lachen auf den Lippen
Der Heidländer.
Der Frieden scheint zurückgekehrt.

Rune des Tages

Hinterher sind wir immer schlauer.
Die alten Regeln der Bauern,
Sie haben Jahrhunderte überlebt.
Ob ihre Wahrheit fortbesteht?

Es gibt Weisheit auf dieser Erde.
Es gibt Geheimnisse in den Sternen.
Die alten Runen können dir helfen,
Ihre Macht stammt aus vielen Welten.

Einst hat mir das Orakel gewiesen,
Wohin mich mein Schicksal blies.
Magische Zahlen wurden offenbart.
Ihre Bedeutung war mir bald klar.

Mond im See

Ihr nackter Leib blitzt im Mondeslicht.
Das Wasser spült um unsere Hüften.
Ich würd´zu gern in sie schlüpfen.

Sanft tragen uns die Wellen davon.
Wir sind bis zur Insel geschwommen.
Mond und Mars sangen ein blutiges Lied.

Eins

Innere Zwiegespräche.
Der Baum. Seelenbaum. Freund.
Jahre sind wir Brüder.
Nun verschlägt es mich auf eine Reise.
Ohne Wiederkehr.

Krach von Menschen gemacht.
Aphrodisiaka unterm Fenster.
Die Hitze brennt.

Verstörend. Selbstfindung.
Ich im Spiegelbild anderer Augen.
Mag nicht schauen!
Zerstoben von ihrem Blick
Wie der Vampir vom Licht.

Mythos

Der Engel gleich
Aus dem Schattenreich
Ein Lichtspiel

Sprich!
Lass mich nicht erfrieren
In der Welt der Unwissenden

Kein Wort stört
Wandelnde Schatten
Tänzeln zart

Kein Traum. Keine Illusion
Jetzt erkennen mich
Alle endlosen Welten

Sie trauern
Ich daneben
Im Geist vergeben

Der Boden schimmert
Alles wird weiß
Glänzendes, schwarzes Totenreich

Bannspruch

Ihr dort
Hinfort!
An einen fernen Ort.
Denn mit euch bin ich verloren.

Geht nun hinfort
An den fernsten Ort
Ihr Sorgen.

Eine Träne

Ich bin die Träne, die Essenz
All der sterbenden, heidnischen Frauen,
Die sich urplötzlich einer Übermacht
Gegenübersahen, die sie gnadenlos
Versklavten, ausbeuteten und vergewaltigten.

Tränen der Sonne. Tränen des Mondes.
Tränen der Bäume. Tränen der Tiere.
Tränen der Menschen. Tränen der Wolken,
Der Seen, Berge und Meere.

Wahrheit und Menschenwelt

Das Wasser braucht keinen Beruf.
Es ist sich selbst genug.
Der Berg braucht kein Geld,
Er ist auch so ein Held.

Die Sonne braucht keinen Habitus,
Sie ist super gut in Schuss.
Der Wind braucht die Ehre nicht,
Er hat ein weltbewegendes Gewicht.

Die Erde hat keinen Preis,
Denn sie ist unendlich reich.

Nach dem Thing

Reihum im Kreis.
Die Trommeln schlagen.
Hier tanzt sogar der Greis.
Alle feiern ein Gelage.

Die Frauen im Reigen.
Ihre Haare glänzen golden.
Sich vor der Natur verneigen
Und liegen bei unseren Holden.

Die Trommeln schlagen.
Hell lodern die Feuer.
Das Fest geht seit Tagen,
Denn Met ist nicht teuer.

Der Abgrund

Stimmen
… der Ohnmacht
… der Angst

Im Dunkeln liegt eine Macht.
Steig hinab.
Tiefer und tiefer.
Kehrst du zurück,
Dann ist etwas
anderes erwacht.

Sterbliche

Der Tod:
Er entstammt vielleicht aus der Not
Eines Billionen Jahre alten Wesens,
Dass es leid war, ewig weiter
Zu existieren.

So versuchte es sich zu töten.
Denn nach all den Nöten
War es müde geworden des Seins
Und wollte in Zillionen Stücke zerfallen.

Grünes Gras

Hinter den Bergen
An einem kleinen See,
Da will ich sterben.
Liegen unterm Klee.

Will die Welt vergessen.
Tot in der Natur.
Will meine Seele retten
Auf grüner Flur.

Im Gras mich betten,
Fern all der Städte.
Liegend unter Hecken
Ohne falsche Etikette.

Nordmänner

Ein harter Kampf!
Bis an den Rand
Der Belastbarkeit
Geht dieser Streit.

Es wird hart ausgeteilt.
Jeder ist zum Tod bereit.

Äonenkörner

Samen der Zeit in einem Weltenbaum.
Urzeitvögel fressen die kostbaren Früchte.
Juwelengleich.

Es fallen die Samen.
Geboren wird ein neues All.
Mit Kindern und Schlachten.
In Liebe und Hass.

Planeten, die sterben
Und Sonnen, die brennen.
Der Anfang ist stürmisch.
Der Weg ist weit.

Wiedergänger

Oft fand ich den Tod.
Durchwanderte das Totenreich.
Öfter kehrte ich zurück.

Dieses mal um dir zu sagen:
„Ich bin der Mann,
Den du zu fürchten hast!"

Traumreisen

Der Feuerdämon ist erwacht.
Er tanzt in meiner Brust.
Wütet. Tobt. Kämpft.

Ich verwandle mich in einen Adler.
Die Schwingen gestreckt,
Erhebe ich mich in die Lüfte.
Berge und Täler ziehen dahin.

In mir erwacht der Wolf.
Wild, zähnefletschend und sozial.
Jetzt werde ich zum Bär,
Der durch die Steppen zieht.

Trompeten blasen

Herren der Sonne.
Damen der Welt.
Erhebt euch vom Platze:
Es wird neu gewählt.

Der König der Götter
Nimmt seinen Stuhl.
Der Tag der Befreiung
Steht vor der Tür.

Die Matrone spricht

Sehet und staunet:
Sie leben!
Jahrhunderte lang,
Weit über ein Jahrtausend,
Gehetzt und gejagt;
Versucht sie auszurotten.

Bergpfad

Kennst du den Weg,
den es zu wählen gilt?

Jener vortreffliche Weg,
den auch der Altvordere geht,
dessen Lenden du entsprungen,
der dich in Liedern besungen,
bis ans Ende aller Zeiten trägt.

Du bist wichtig!

Lebe!
Lebe in den Tag hinein.
Lebe dein Leben.
Lass es einfach sein,
Nichts besonderes,
Nur das Zentrum der Welt.

Ein Gehöft am Wald

Blut tropft in den Wein.
Blanker Stahl blitzt im Feuer.
Annehmliches Gemach aus Fellen.

Die Rauhnächte sind kalt.
Lang schieben sich die Nächte.
Die Magd hält blutverschmiert
Das Neugeborene.

Der Wall schützt vorm Wolf.
Ein alter Mann liest die Sterne.
Feuer und Eisen werden kommen.

Leer und verwaist im Sommer.
Schnell wüten die Dunklen.
Raben fressen das kindliche Aug´.

Lagus

Die Welt der Träume;
Ein geteilter Mensch.

Mauern, die ihn trennen.
Er ist nur die eine Seite:
Ist nur der Wachende.

Er ist nicht er selbst
In seinen eigenen Träumen.

Waldgeister

Kleine, weiße Flecken
Auf stürmischen Recken.
Sie jagen durch den Wald
In heroischer Gestalt.

Wilde Stachelbeeren
Vernascht von Braunbären.
Ein stattlich, röhrender Hirsch.
Ein Fuchs auf der Pirsch.

Asa og Wana

Hinter den Wolken.
Über der Welt.
Thront er und lacht.

Sein Strahlen gleicht
Der Sonne. Sein Lachen
Ist der freudige Donner.

Endlos rauschen die Feste.
Gezecht wird an einem Tag
Der Vorrat eines Landes.

Er ist das Strahlen.
Er ist der Himmel.
Verkleidet
Erscheint er auch dir.

Schicksalskrieger

Mit der Kraft meines Herzens
Ertrage ich tapfer die Schmerzen,
Die mir dieses Schicksal brachte
Und einen Willenssturm anfachte.

Tausend Prüfungen sind zu bestehen.
Neue Gefährten sind zu überreden.
Deshalb will ich nicht zweifeln,
Sondern mutig voran schreiten!

Echtes Beten

Tanz den Reigen
Tanz mit mir
Immerzu im Kreis
Arm in Arm

Den Göttern zum Dank
Tanzen wir die ganze Nacht!

Das Ende des Paganen

Lange Schatten liegen über meiner Welt.
Es sind dunkle, schwere Todesschleier.
Keiner, der die Erinnerung aufrecht erhält.
Tanzen wir erneut die Ahnenfeier.

Eine Zivilisation, die Massakern erlag.
Männer enthauptet. Frauen verbrannt.
Die alte, heilige Esche zerbarst.
Die heiligen Runen verbannt.

Die düstere Zeit dauerte tausend Jahre.
Unter den Massenmorden hassender Pfaffen
Starb die natürliche, magische Gabe.
Aber wir werden wieder lachen!

Traumwanderer

Die Macht meiner Träume
Bewegt gigantische Berge.
Sie sind mehr als Schäume,
Erschaffen riesige Werke!

Ich flog im Traum.
Blickte über die Welt.
Ich saß im Weltenbaum,
Erkannte was mir gefällt.

Dieser Moment

Die Magie des Augenblicks
liegt meist verborgen.
Es ist schwer, sie zu finden.

Jedem Augenblick wohnt
Etwas magisches inne!

Das Magische zu finden
Ist die Kunst.
Nur die wahren Meister
Vollenden diese Suche.

Der König

Dort wacht er in weiter Flur.
Er blickt und waltet zugleich.
Hoch auf dem Felsen eingekrallt,
Sieht er über den ganzen Wald.
Keine Bewegung entgeht ihm.
Er ist der König der Lüfte.

Lebensschneide

Am Rande des Abgrunds,
Wenn die Verzweiflung überkocht,
Blickst du zurück und
Hoffst, du könntest es ändern.

Es gibt keine Zeitmaschinen.
Nichts, dass alles ungeschehen macht.
Nur der Abgrund und das Unbehagen;
Noch ein kleiner Stoß
Und dann der Fall …

Dein Weg

Wohin führt dich dein Weg?

Gehst du gerade zu
oder
Läufst du kreuz und quer?

Egal wie; geh mit Würde!

Lass dich nicht unterkriegen
Von den Gefahren des Weges.
Geh ganz unbeirrt immer
Deinem Ziel entgegen.

Amor

Ich bin dein.
Mag es ewig sein!
Du und ich:
Zerbrich es nicht.
Ich halte dich,
Vergiss uns nicht.

Die Stärksten

Leben bedeutet Kampf!
Auch wenn wir dem Dschungel
Entkommen sind: Leben bleibt Kampf!

Kein Kampf ums nackte überleben,
Aber Kampf um Beförderungen.
Kampf um Ansehen.
Kampf um den Platz in der Schlange.
Kampf um Sexualpartner.
Kampf. Kampf. Kampf.
Krampf. Krampf. Krampf.

Einäugiger

Ein weiser Wanderer
Fand die Runen.
Entfesselte ihre Kraft

Und brachte Frieden.

Zwei Raben fliegen.
Bringen ihm Kunde.
Er kennt die Stunde,
Die Nornen prophezeiten.

Baumwipfel

Eintracht.
Hier in der Heide.
Ruhe.
Grasende Büffel.
Frieden.
Der Rabe krächzt.
Verbundenheit.
Die Heide lebt und nährt.

Zwei ungleiche Wege

Schnittstellen zwischen
Mensch und Natur.

Für die Kultivierten,
Die sich lossagten;
Egal ob für Geld
Oder einen Büchergott.

Einheit zwischen
Mensch und Natur;
Für die, die sie lieben,
Unsere Mutter Natur.

Toter, großer Ast

Sonnenschein.
Er ist allein.
Ein heiliger Mann
Sitzt auf einem Stamm.

Er watet durch Felder
Und fühlt die Wälder.
Er hört ihre Klagen.
Hilft ihr Leid tragen.

Der Stamm ist gebrochen.
Blitze haben ihn abgeschossen.
Jetzt singen hier Spatzen.
Sieh die Wälder wachsen!

Heidland

Bäume, die sich aneinander reihen,
Bis ein ganzer Wald entsteht.
Die Heimat ist´s für Vögel, Fuchs und Hase.

Da ein Reh und dort noch eins.
Komm lass uns zum Reiher geh´n!
Ich sah dort einen Hirsch steh´n.
Gewaltig war sein Geweih.
Wild wurde unser Hund dabei.

Heimatland

Das Land, dass seit Millionen Jahren existiert.
Das Land, dass wir seit Jahrtausenden
besiedeln.

Es nahm uns auf. Gab uns Nahrung.
Es gab uns Zuflucht. Gab uns ein zuhause.

Besitzt du ein Herz? Besitzt du Ehre?
Wenn ja, dann danke dem Land. Danke der
Erde!
Dank nicht dem Geld und erfundenen Göttern.

Goldener Sonnenaufgang

Golden ist der Morgen.
Eine neue Zeit beginnt.
Das Heidentum erwacht
Aus seinem Winterschlaf.

Es führt die Welt ins Licht
Und wird den Buchterror
Endlich beenden.

Tanzende Walküren

Tanz im Regen
Sanfte Schwünge
Sehr verwegen
Wilde Sprünge

Der Regenbogen
Ist ihr Dach
Ihren Leib gewoben
Mit erotischer Kraft

Yggdrasil

Wenn die Raben fliegen
Zu den Äckern des Blutes.
Wenn sie Kunde sammeln
Für die Götterwelten.

Wenn die Böcke antraben,
Dann knirschen Zähne.
Wenn der Hammer schlägt
Und Donner grollen.

Wenn der Wolf zubeißt
Und einen Arm abreißt.
Wenn die Säbel rasseln
Und ein Kriegsschrei ertönt.

Wenn Ragnarök verrinnt
Und die Schlange erscheint.
Wenn es dann zu Ende ist
Und etwas Neues beginnt.

Flieg mit mir

Flieg mit mir
Ans Ende der Welt
Bis zu den Wolken
Und darüber hinaus.

Flieg mit mir
Bis zur Sonne.
Tanzen wir
Auf ihren Strahlen.

Flieg mit mir
Über grüne Täler,
Berge und Meere;
Einmal um die Welt.

Natur verbunden

Ich heule den Mond an.
Ich bitte um Führung.
Ich bettelte die Sonne an,
Mir den Weg zu zeigen.

Ich tanze mit dem Wind.
Er soll mein Freund sein.
Ich bin der Erde Kind
Und will sie befreien.

Ich umarme einen Baum.
Dank ihm für die Luft.
Mein Leben ist ein Traum.
Der Himmel, der nach mir ruft.

Wettergötter

Der Wind peitscht.
Der Regen strömt.
Das Wetter, dass
Die Welt verhöhnt.

Die Sonne strahlt.
Die Blumen sprießen.
Der Himmel will
Unsere Herzen gießen.

Der Vollmond scheint.
Himmel grenzenlos.
Meine Gedanken fliegen
Unendlich weit.

Heiden

Heidland Kinder.
Frei geboren.
Keine Schinder,
Die sie quälen.

Freie Heidländer;
Nicht vogelfrei
Wie in Christländern;
Sondern befreit.

Freie Heidmänner
Zechen Nächte.
Wilde Männer
Mit Bärenkräften.

Freie Heidfrauen
Sind heilige Mütter,
Liebestolle Frauen
Und Erdbeschützer.

Nornen

Räder drehen
Räder befehlen
Schicksal entsteht

Räder zermahlen
Räder brechen
Schicksal geht

Räder weichen
Räder teilen
Schicksal überlebt

Ein Wald

Ich sprach zu den Bäumen.
Ich verstand mehr, als bei
Meinen Menschenbrüdern.

Mein Geist wurde der Himmel.
Mein Leib zur ganzen Erde.
Ich sah Millionen sterben,
Hörte Schreie in den Schlachthöfen.
Ich sah Millionen hungern,
Sah andere mit vollen Kühlschränken.

Kein entkommen

Tief drinnen schlummert es;
Pochte Nacht für Nacht.
Bis der Tag kam,
An dem es erwacht.

Ein Traum aus einer anderen Welt,
Vielleicht aus einem anderen Leben.
Ein Traum, der die Welt prägt.
Einen, um ihn den Menschen zu geben.

Es gab kein entkommen. Kein flehen.
Es ist dir in die Wiege gelegt!
Von Feen. Vom Schicksal. Vom Universum.
Niemand kennt die Antwort. Alle fragen.

Rettungsanker

Wir träumen vom Ende des Regenbogens,
Träumen vom Paradies und Himmeln,
Träumen von magischen Wesen und Wundern;
Denn wir wissen, wir können nicht entfliehen.

Erzählt werden Märchenstunden für Kinder;
Auch erzählt werden Erwachsenenmärchen.
Geschichten, die unsere Fantasie beflügeln,
Um uns vor den Schrecken der Welt zu
schützen.

Wahrheiten

Niemand wird kommen, dich zu retten.
Niemand erscheinen und dich weich betten.
Steinig ist der Weg, auf dem du gehst.
Du wirst weinen, wenn du den Lügen glaubst.
Du allein musst deine Prüfungen bestehen,
Sonst wirst du ohne Gnade untergehen.

Episch überlebt

Gestrandete Seelen
Mutig gegen Dämonen.
Einsam und verwegen,
Ohne sich zu schonen.

Einsame Seelen
Nach dem Kampf.
Ein Sieg. Überleben.
Güte verdampft.

Ein mutiges Herz
Kämpft gegen Unrecht.
Voll Blut und Schmerz
Gegen alle Widerstände.

Beltane

Der Wind weht über die Wiesen.
Die Tage sind getränkt vom Sonnenschein.
Ich sehe hoch oben Krähen fliegen.
Die Reben bringen dieses Jahr guten Wein.
Grüne Bäume wirken kräftig.
Mutter Natur ist prächtig!

Tausendjähriger Krieg

Einer der starb
Und angeblich auferstand,
In dessen Namen
Haben sie uns geschlachtet
Wie ihr Vieh.

Hunderte Millionen tot.
Ermordet. Vorsätzlich.
Im Namen eines,
Von dem sie sagen,
Er predige Liebe.

Millionen Morde.
Männer. Kinder. Frauen.
Unsere Häuser geraubt.
Unser Land besetzt.

Vanasen

Ein Same gemeinsam
Zweisam einsam
Fern zusammen
Fremd verfangen

Runde Kurven
Ein Mann vergeht
Ewiges morden
Eine Frau besteht

Lebensborn
Alte, heilige Eiche
Voller Dornen
Rebensreiche

Goldene mähen
Viele zusammen
Raben krähen
Heim gelangen

nach Ragnarök

Heidland
Heidländer
Heidlandkinder
Heute in der Zeit nach Ragnarök

Neu entstanden
Neu geboren
Neu verliebt
Eine Welt geführt von Schicksalsfrauen

Wahrheit
Gerechtigkeit
Freiheit
Besser als jede andere Welt

Heil Hail

Er, der so tief aus dem Heidland kam,
Dass kein Buchgläubiger dort je war.
Er, der den Ruf der Zeit vernahm,
Die 5000 jährigen Kontinuitätslinien zu
Offenbaren.

Sie dachten, sie hätten alle gekillt
Und alle Erinnerungen an sie ausgelöscht.
Sie haben die Rechnung ohne ihn gemacht.
Er ist der mit der Schicksalskraft.

Das weiße Ross

Ich bin ein Universum.
Endlose Weiten reiner Fantasie.
Du kannst auf mir reisen
Und wirst das Ende nie sehen.

Ich bin ein wahrer Urknall.
Jenseits von Anfang und Ende.
Lass mich dich mit mir nehmen
In eine bezaubernde Welt.

Urknall und Wahrscheinlichkeit

Wir sind Sternenstaub.
Geflogen seit Millionen.
Das Leben hat uns geraubt
Aus dem Äther der Äonen.

Wir sind Kinder des Alls.
Atome, die schwirren.
Wir sind der Zeit Mittagsmahl.
Die Metaphysiker irren.

Odinslied

Der Sänger singt.
Jedes mal betört.
Dieses Lied erklingt.
Tausendmal gehört.

Mit seinem Gesang
Hat er mich gebannt.
Ich will verweilen
Und lausche den Zeilen.

Wilde Vögel

Gebrochene Flügel werden heilen,
Geduldig im Verborgenen verweilend.
Wir flogen hoch und fielen tief.
Da war nichts mehr, das gut lief.
Unsere Flügel werden wieder heilen.
Wir mit den Wolken treiben.

Jera

Versehen einsehen
Missverstehen gestehen
Fehler zugeben
Falsches vergeben

Menschen achten
Wesen anhimmeln
Schönes anschmachten
Narren abwimmeln

Tage verstreichen
Blumen sprießen
Die Sonne genießen
Herzen treiben

Walpurgisnacht

Ein neues Fest beginnt.
Das Alte zerschmettern.
Dreh dich und spring,
Statt um Gnade zu betteln.

Bunsenbrenner funkeln.
Trommeln erklingen
Unten im Bunker.
Die Spinnen springen.

Des Nachbarn Kind
Spielt im Gewitter.
Mit der Kraft im Wind
Fallen die Blätter.

Magische Küsse

Ein Morgen der Muse:
Göttliche Küsse.
Segen der Himmel
Im schöpferischen Gewimmel.

Werke entstehen.
Meine Kunst lebt!
Sie trägt dich
Und befreit sich
Von mir und meiner Enge.
Sie treibt zur
Großen Menschenmenge.

Kindlein

Geboren werden.
Glücklich sterben.
Glücklich.

Beides glücklich.
Möglich?
Wohl möglich!

Vierblättrig ist das Kleeblatt.
Heilig der Zufall.
Heilsam des Herzens Kraft.

Der Eine

Gelost unter vielen.
Erwählt aus einer gigantischen Zahl.
Du bist der eine.

Du bist geboren.
Dein Weg war prophezeit vor Äonen.

Die Welt hat gewartet,
Da deine Augen das
Licht der Welt erblicken.
Lebe. Atme. Träume.

Götterhallen

Eingang durch die Tore:
Endlos ist die Halle.
Sie wird Valhalla genannt.
Die Edlen laben sich
An unsterblichen Ebern
Und dem Met der Götterwelt.

Stürmisch verführt
Zu äonenlangen
Liebesnächten.
Von Göttinnen gekürt
Werden die Besten.

Runenkunde

Hier, wo die Runen wirken;
Jene geschnitzten aus Birken.
Sie wiesen uns den Weg,
Den wir jetzt mutig gehen.

Kräfte helfen aus ferner Welt.
Es ist ihre Macht, die zählt.
Sie leiten uns wie Hirten,
Auch wenn sie aus der Ferne wirken.

Hainstatt

Der Blick gen Himmel,
Allein im Wald.
Im Unterholz Gewimmel:
Baumgeister und Füchse.

Das Grün der Fichten.
Ein Hain im Sonnenschein.
Spüre die Kraft der Natur.
Lass sie für dich dichten.

Es knirscht beim Gehen.
Der ganze Wald lebt!
Ein magisches Wehen
Hält etwas verborgen.

Kind der Steppengötter

Die Freiheit streift in seinem Blick.
Hart sind die Ketten, die ihn fesseln.
Sie haben ihn aus der Steppe geführt;
Jener Weite, wo er mit Geistern tanzte.

Er ist ihr Gefangener, aber er ist ruhig.
Er wird alles nehmen, was sie Leben nennen,
Um wieder frei zu sein und seine
Fesseln zu sprengen.

Weissagung

Malstrom der Zeit
Weit gereist
Zu sehen das Ende des Tages

Gezeitengewitter
Todesstöße des Falken
Einer Maus Genick bricht

Sprich wandelnder Toter,
Kennst du mich?

In dir brach Treue
Ein Schwur für die Götter
Kehre um und bereue
Vergeben

Lehre sie – lerne
Dein Herz spricht
Von Liebe und Frieden
Bessere würden siegen
Verbessere dich!

Voodoopuppen

Reue
Dumme Leute
Stahlt meinen Frieden

Geht und sterbt
Ichs werden siegen
Einmal ohne Herz
Oder lass ich´s sein?

Rinde

Sinn
Unsinn
Tiefsinn

Spring
Spring mein Freund
Von der Klippe der Realität
Ins lila Wunderland

Sand
Klagewand gespannt
Zerstöre falsches Gewand
Mit dem Hammer in der Hand

Wagnisse

Das Leben.
Du kannst dich ihm ergeben.
Du kannst dich auch darüber erheben.
Am Ende wird man es dir nehmen.

Der Tod.
Er ist das Ende der Lebensfurt.
Der Hölle Ausgeburt?
Der Weg zu einem höheren Ort?

Himmel und Götterwelten.
Hirngespinste von Verrückten?
Tief im Herzen
Wirst du die Antwort finden!

Gott!

Das Glitzern in den Wellen.
Das Strahlen auf den Bergen.
Der Glanz im Schnee.
Sonne.

Sonne strahle.
Sonne scheine.
Dich nenn´ ich Gott.
Mit dir will ich sein.

Gott soll Schöpfer heißen.
Du schufst diese Welt!
Du schufst alles Leben.
Dank dir kann es weiterdrehen:
Wahre göttliche Macht!

Wölfe

Tränen und Wut;
Ein furchtbares Gemisch.
Mit brennender Glut.
Die Realität verwischt.

Ein dunkles Rot
Liegt über allem.
Der Gegner scheint tot
Oder schon geschlagen.

Runenwort

Geworfene Runen.
Vernichtendes Urteil.

Sie blicken auf uns.
Stimmt ihr ihnen zu?

Von unserer Faulheit gefangen,
Sind wir ehrlos geschlagen
Und leben in Schmach.

Buchmonotheisten

Hundert Millionen ermordeter Heiden.
Sie wollten sich an unserem Elend weiden.
Sie erzählen allen, wie gütig sie waren.
Sie erzählen nicht, wie viele sie ermordet
haben!

Sie geben sich als gute Samariter aus,
Aber das meiste ihres Landes ist geraubt.
Sie spielen sich als moralische Richter auf,
Aber sie haben Millionen das Leben geraubt.

Sie wollen Tugend und Moral erklären
Und andere sollen für sie entbehren.
Sie predigen und reden von Frieden,
Aber sie sind die Ursache in vielen Kriegen.

Philosophenkönige

Die Erfüllung des Höhlengleichnisses
Ist die Aufgabe der Weisen.

Nichts. Nichts. Nichts habt ihr erreicht!

Jede Generation blickte ins Dunkel.
Ihre eigenen Schatten machen sie blind.

Sie liegen in Ketten.

Sprengt eure Ketten!
Es sind Ketten,
Von denen ihr euch
Mit einem einzigen Wunsch
befreien könnt.

Blitz und Donner

Der Himmel öffnet seine Tore.
Thor schlägt mit seinem Hammer.
Es gießt aus himmlischer Empore;
Ertönt der grölende Donner.

Die Erde scheint zu ertrinken.
Es strömt wässrige Fäden.
Selbst meine Schuhe versinken.
Die Natur will sich erheben.

Des Himmels Macht ist grenzenlos.
Bald brauche ich ein Floss.
Trotzdem ist der Regen wunderbar,
Weil er nach der großen Hitze kam.

Reue

Jeder Tag, der vergeht,
An dem ich dem Schicksalsruf nicht folge,
Ist verschwendet!

Jeden Tag, den ich verschwende,
Ist ein Tag, den ich bereue.

Ja, ich bin hier aus einem Grund.
Ja, das hat alles einen Sinn.
Ja, das Schicksal hat mich gerufen.

… verschwendete Zeit.
… verschwendete Stunden.
… verschwendete Jahre.

Weltenesche

Der Baum des Lebens
Yggdrasil
Der Baum der Welten
Yggdrasil
Drei heilige Frauen weben
Yggdrasil
Alter, weiser Brunnen
Yggdrasil
Schicksale entstehen

Wege

Der Geist der Meister schreit.
Äonen an erfrorenen Seelen toben.
Renne um dein Leben kleines Wesen.

Im Stuhle ruhend auf weiter Flur.
O Götter helft den Irrenden,
Lasst ihnen moralische Stärke wachsen!

Natürliche Menschen

Sieh Welt und staune:
Wir sind zurück!
1000 Jahre Genozid,
Aber wir haben überlebt.

Wir schufen die Liebe zur Natur.
Schufen die Demokratie
Und den Boden,
Auf dem die Wissenschaft fußt.

Sieh Welt und staune:
Diese Welt kann blühen.
Diese Welt kann lieben.
Liebe ist unser Naturgesetz!

Zwangslehre

Das gestohlene Land.
Die gestohlene Kultur.
Die Männer und Frauen,
Die starben.

Böswillig ermordet.
Böswillig zwangskonvertiert.
Die Wahl zu sterben
Oder an ihn zu glauben;
Dass ist, wofür der Ein-Gott,
Auf dieser Erde steht!

Asenkinder

Halbgottschmiede.
Ein Körper der Mensch.
Das Herz des Gottes.
Vereint. Bereit.
Zu schreiten. Zu walten.
Mit göttlichem Stolz.

Metaphorik des Lichts

Tiefer und tiefer
Hinein in den Sumpf.
Der Sumpf meines Lebens.

Tiefer Fall. Tiefere Schluchten.
Tiefe. So weit mein Auge reicht.
Dunkel ein Licht in der Ferne,
Um die Ketten zu sprengen
Und mich zu befreien.

Höret und staunet: ein Höhlengleichnis

Damokles

Das Schicksal wählt selbst.
Vielleicht sollte es sein
Und ich musste tief fallen.

Am Ende strahlt ein Licht.
Dazwischen war es dunkel.
Schritt um Schritt.
Fall um Fall.
Meter um Meter.
Schmerz um Schmerz.

das kleine Sternenkind

Ich wandelte einst in den Sternen.
Ich schritt auf ihnen umher.
Ich war das kleine Sternenkind.
Ihr Strahlen war mein Heimatland.

Ich war das kleine Sternenkind,
Das fern der Erde lebte.
Aber ich stolperte und fiel
Und erwachte hier.

Einst das kleine Sternenkind
Bin ich nun ein Erdenkind.
Vermisse ihren strahlenden Glanz.
Vermisse ihre wärmende Liebe.

Noch lebt in mir das Sternenlicht.
Sehnsüchtig seh´ ich zum Himmel rauf.
Wehmütig folge ich den Sternen
Und träume mich jede Nacht hinauf.

Geehrte Unwürdige

Ich denke, was du denkst,
bevor du denkst,
was du denkst.
Denn ich denke
…
…
nicht.

Ich lass dich sehen,
was du nicht geträumt hättest
zu sehen.
Also sieh
…
…
und staune.

Höre meine Worte.
Lausche ihrem Klang.
Sie sind der Sinn im Unsinn,
des Universums Entropie,
der in der Tiefe
…
…
lauert!

gebiete Gebieter

Der Tod.
Jene mysteriöse Kraft.
Ein unausweichliches Ereignis.
Der Tod.

Der Tod.
Fliehe nicht!
Erkenne die Zwecklosigkeit.
Verbeuge dich
Und lebe.

Dunkler Freund.
Alter Gefährte. Größter Lehrer.
Gevatter Tod.

Geritzt in Holz

Sinnschäume.
Schlaflose Träume.
Opferbäume.
Lichte Räume.

Trinken im Wald.
Seid bereit.
Zeichen erscheinen.
Ahnen beweinen.

Heiliger Hain.
Begossen mit Wein.
Lachen im Feuerschein.
Ewiges Sein.

Nordlichter

Kinder des Nordens.
Länder voller Sorgen.
1000 Jahre Besatzung.
Haine zerstörte Brandstiftung.

Die Freiheit soll siegen,
Sobald die Feinde vertrieben.
Jahre der Mühsal folgen
Für die Freiheit des Nordens.

Der Ruf aus Äonen

Es ist zu spät umzukehren!
Aber immer Zeit zu sterben.
Längst nimmt alles seinen Gang;
Solang´ es der Todesherr erlaubt.

Das Schicksal nimmt seinen Lauf.
Endlichkeit ist die Wahrheit der Welt.
Ihren Ruf erhört: der eine lebt!
Solange das Todesreich nicht
Seinen Leib verlangt.

Nordmann´s Kinder

Nördlich
Zu wörtlich.
Dunkel und klar.
Weißer Schnee. Helle Haut.
Einst heldenhaft gekämpft
Und eine Welt gebaut.
Schaut!

… und sehet.
Das starke Streben unterm Nordstern.
Die Halle des Odins so fern.
Du wirst von Nornen gesehen.
Sie formen deine Wege.
Sei weise und wähle.

Im Rauch der Nacht

Träume,
So nah!
Von Geliebten,
So fern oder tot.

Eine Brücke
In die andere Welt.
Unsichtbar.
Unkalkulierbar.

Ich
Zitternder Wandersmann
Zwischen
Traum und Welt.

Sehnsucht
Treibt mich an;
Nach Geliebten,
Ob fern oder tot.

Wanenkinder

Vanenkind
Lauf geschwind
Das Spiel beginnt

Vanenkind
Flieh geschwind
Diese Welt spinnt

Vanenkind
Du seist geliebt
Da du Frieden bringst

Kind des Lichts

Begabt
Und vom Schicksal erwählt,
Wiegen
Die Schultern so schwer.

Täglich schwitzen
Unter einem Berg Aufgaben.
Darauf brennen,
Dass prophezeite zu erfüllen.

Prägen
Lässt sich das Leben mit Weisheit.
Führen
Lassen sich die Wesen nur mit Liebe.

Etwas blickt zurück

Ein einfacher Mensch
Am Abgrund
Seines Lebens.

Ein tiefer Blick:
Nichts blickt zurück!
Ein bodenloses Glück.

Er tanzt
Wie verrückt
Auf einem dünnen
Strick,
Als vermesse er
Sein Leben.

Tanz am
Abgrund.
Wage den
Sprung
Und du wirst
Fliegen.

Heiden aller Länder vereinigt euch!

Das Ende einer über tausendjährigen
Besatzungszeit.
Werden wir im Chaos versinken oder sind wir zum
Freisein bereit?

Heiden aller Welten vereinigt euch!
Ich rufe euch ihr Hindi und Kinder
der Veden und Upanishaden.
Ich rufe euch ihr Alten Australiens
mit 60000 Jahren lebender Tradition.
Ich rufe euch Völker Amerikas,
die die Besatzer Indianer nannten.
Ich rufe die Menschen des Schnees,
Die sich Inuit nennen.
Ich rufe euch meine Brüder und Schwestern
der germanischen Stämme und
unsere Kusins und Kusinen aus dem Kelten-
und Slawenland.
Ich rufe die Edlen Roms und Griechenlands,
Ebenso die Schamanen und wilden Krieger
der Steppen Eurasiens.
Ich rufe die ersten Menschen der Welt
aus dem fernen Afrika: kommt und
schlagt die Trommeln!

All ihr Kinder der Erde. All ihr Heiden.
Paganen. Ihr Naturreligiösen: vereinigt euch!
Vereinigt euch! Vereinigt euch!

Spielzeuge der Zeit

Zuerst findet sie Gefallen an uns.
Sie gibt uns Muskeln. Gibt uns Kraft.
Gibt uns Intelligenz, Geld und Macht.
Wir unterhalten sie. Sie spielt mit uns.

Aber dann
Verliert sie ihre Lust:
„du kleines Menschenkind
langweilst mich. Hinfort!"

Unsere Haut erschlafft. Tiefe Falten.
Zähne fallen aus. Es folgen Leiden,
Krankheiten und endloses Gebrechen.

Bedenke Mensch:
Wir sind Opfer der Zeit.
Sind ihre Spielzeuge
Nimmer mehr.

Helheim

O edle Altvordere.
Eure Tage sind gezählt.

Wo finde ich euch?

Denn ich will genießen
Speis´ und Trank
Mit euch.

Ich wähle Tugend
Und Ehre,
Den Pfad der Edlen.
Möge er uns wieder
Vereinen.
Möge er uns
Ehren.

Art der Mittelmeerheiden

An den ersten Wintertagen,
Wenn Graupel und Schneeregen kommen,
Will ich mich hinauswagen
In die Härten der Natur.

Ich will dem Wind trotzen,
Meine gefrorenen Finger ignorieren.
Auf einen Hügel werd´ ich
steigen,
Ganz oben vom Schneeregen gepeitscht,
Und schreien:
Heureka! Heureka! Heureka!

Buchsucher

Wer glaubt man findet Gott in einem Buch,
Wird Gott niemals sehen. Niemals erleben.
Niemals mit ihm sein.

Und höre, wie sie klagen
Seit hunderten Jahren,
Dass sie ihren Gott nicht finden
Und ohne ihn leben
Und sterben.

Auserwählte

Längst ein Gedicht.
Längst Geschichte und Legende.
Unsterblich wandeln auf dem Pfad.
Blumen blühen bei jedem Schritt,
Der Wind singt das eine Lied.
Baumkronen neigen sich andächtig.

Bannkreis

Algiz. Oheim. Schutz.
Wachst über meine Schritte.
Der Edle widmet sein
Leben dem Schutz
Anderen Seins.

Algiz befrei´ mich
Vom schändlichen Treiben,
Die mich von meinem
Schicksal entzweien.

Edle GerWaniens

Dein Angesicht
Dem fernen Indien entspricht.
Wir leben hier
In gerwanischen Landen
Als stolze Taten.

Wir brauchen einen neuen Traum,
Um eine bessere Zukunft zu schauen.
Damit wir, bevor wir sterben,
Den großen Frieden erwerben.

Ein Ring, sie zu knechten

Ihr herrschtet allein,
Einst nur ein Erdteil:
Der Ein-Gott ist euer Zeichen.
Es liegen 400 Millionen Leichen
Auf eurem Weg zur Herr-
schaft über unsre Erd´.
Ein Gott, sie zu knechten.

Wanen

Zwei Seelen gleich
und doch fern.
Einem Ziel geweiht.
Ein Traum. Eine Welt.
Wald. Berg. Tal. Feld.
Großstädte. Wolkenkratzer.
Asa ok Vana.

Hugin und Munin

Zwei Flügelpaare
Sitzen tief
In jedem Geist.

Ein Flügel schlägt.
Erinnern.
Ein anderer schlägt.
Denken.

Gedanke und Gedächtnis
Sind ihre Namen.
Im schwarzen Kleid
Reisen sie in allen Menschen.

Futhark

Runenwurf tut Glück und Unglück kund.
Die Hohen verkünden dein Schicksal.
Versuch nicht zu erraten, was sie sagen.
Bist du einer unter vielen, bleiben sie stumm.
Die Würdigen werden ihren Rat erfahren.

Sein

Die Welt existiert, weil sie vergessen hat,
Dass sie nicht existiert.
Wir existieren, weil wir vergessen haben,
Dass wir nicht existieren.
Aber dann erinnern wir uns und sterben.

3

Rune um Rune fällt.
Norne um Norne spricht.
Das ist eine bessere Welt
Mit Vergebung und Recht.
Erhebe dich und lächel.
Es wird geschehen.

In den Fäden der Welt
Bist du dein eigener Held
In einer Geschichte,
Die du Leben nennst.

Spindeln

Eine Welt so kalt.
Es wiegt schwer.
Ich mache weiter
Und suche mehr.

In tiefer Liebe verborgen,
Hinter dunklen Schwaden,
Die Netze der Nornen.

Ein starkes Herz
In mutiger Brust
Erträgt den Schmerz
Des Alltags stolz.

Orakel

Sie gehen
Ich blieb
Allein
Aber bereit

Loszulegen
Alle hinwegzufegen
Die zweifeln

Schicksal prophezeit
Blut und Schweiß
Selbst echter Scheiß
Soll mich nicht bremsen

O Tod bitte
Gewähre mir
Die nötigen Jahre
Zu tun
Wozu ich geboren
Wurde

Rascheln im Laub

Vertrauen
Auf die Nornen
Bauen

Mit Runenkraft
Die Zukunftsschau
Vollbracht

Wilde Stäbe
Des eurasischen Erbes
Weisen Wege

Die Bäume
Und feinstofflichen Wesen
Sehen deine Träume

Höre hin
Der Augenblick naht
Es beginnt

Heidenkind

Getauft im alten und neuen Ritus.

Der Alte war Blut und Muschisaft.

Der Neue mit LSD, Kokain und Whiskey.

Heiden – ohne Worte!

Liebe und Hass

100 Millionen meiner Brüder und Schwestern
wurden von Christen abgeschlachtet.

So ist der Hass. Er mordet all die Liebenden
und nennt sich dann Liebe.

Sie hofften, alle von uns auszulöschen,
Aber ich lebe, atme und schreibe.

Balmung und Mimung

Dinge enden,
Leben wenden.
Atem stoppt.
Verzockt.

Was ist das Los
Der neuen Welt?
Überall ist Not
Und schnelles Geld.

Alles nehmen
Und sich erheben
Für ein größeres
Ziel.

Myriaden

In mir leben Äonen
Und Sternenkinder.
Ihr Tod ward Sternenstaub,
Der auf die Erde fiel.

Aus ihnen bin ich geworden:
Ein Sternenkind aus Sternenstaub
Und lebe seit Äonen.

Raido reise

Hoffnung neu entflammt
In einem glänzenden Gewand.
Tanz in mir und
Ich geb´ mich dir hin.
Schritt um Schritt.
Rhythmisch in einem Ritt
Über endlose Wolkenberge.

Lichtkinder

Allein sein
Im Sonnenschein.
Früh morgendlich
Küsst es mich,
Dieses herrliche
Sonnenlicht.

Blitzende, kleine Funken
Kosmischer Energie
Sind auf mich gesprungen
Und verwandeln mich
In ein Kind des Lichts.

Uhren

Zeitensand
verrann:
Gemeinsame Stunden
enden!

Unabwendlich
fort.
Kein Wiedersehen!
Kein Berühren!

„Nimmermehr"
Sprach die Zeit.
Im Herz
bleibt´s.

Erinnerungen
fesseln.
Tränen fließen.
Herzen zerspringen.

Schicksalsrunen

Aus einem kleinen, unbedeutenden Licht
Wird der eine aus hundert Millionen.

Sein Schicksal wächst und wird
Das Schicksal, das Millionen trägt.

Ein Topf

Hart wie der Wind.
Kalt wie die Sonne.
Tränen der Liebe
Am Fluss des Anfangs.

Runen sprechen.
Urteile fallen.
Zukunft ist ungewiss.
Warnungen stehen geschrieben.

Fern liegt die Gunst
Einer schönen Frau.
Ferner das Schicksal,
Nach dem ich strebe.

Gevatter

Der Tod
Das magische Wesen.
Allmacht
Über selbst den mächtigsten Mensch.

Der Tod:
Letzter Sinn zu
Einer Transzendenz.
Überschreiten oder untergehen?

Der Tod;
Scheinbares verwehen.
Da liegt dein Leib weiter;
Nur reglos.

Was ist, wenn Tod ist?
Das Leben endet.
Wendest du ewig?

RA

Sie sagen, die Sonne ist kein Gott.
Sie sagen, nur ihr Gott ist und
steht in Büchern geschrieben.

Diese Sonne schuf den ersten Atemzug;
Alle Blätter unserer Pflanzen.
Aus Pflanzen machten sie Papier,
Um damit ihre Bücher zu schreiben.

Wahre Ahnen

Wanen sind Ahnen.
In meinen Adern
Fließt ihr Blut.
In meinem Herzen
Hämmert ihr Mut.

93

An einen
toten Narren:
Thelema
wahr
und
war.

Das Rätsel
ist gelöst.
Ein Neuer
übernimmt.

Hagalaz

Hagel prescht in den Lebenslauf.
Runenmagie und Runenklang
Ist Kraft der Liebe und Macht.

Unsichtbar wirken große Mächte
Hinter den Schleiern der Welt.

Irgendwo wartet eine schöne Frau.
Sie wird mein Schicksal lenken.

Hexen hexen

Ein magischer Kreis.
Das erste Mal
In der Mitte
Eines Hexenzirkels.

Tausend Jahr stand es
Unter Todesstrafe
Das zu tun!

Ich genoss.
Genoss die Magie.
Genoss die Freiheit.

Neuanfang

Eine Welt endet,
Mit ihr eine Epoche,
In der ein Volk
Verendete.

Das Heidenvolk starb.
Jetzt stirbt auch die Natur
Und mit ihr die Erde.

Wir alle sollten weise
Den Weberinnen folgen.

Am Wasserfall

Mutter sagte, ein Engel wacht über mich.
Sie sah ihr wirken Tag und Nacht.
Ich bin geboren im glücklichen Licht
Und endlich bin ich erwacht.

Über mir schwebt eine große Macht.
Sie schützt nicht nur meinen Körper.
Auch über mein Herz hat sie gewacht
Und schenkte mir heilige Wörter.

Sonnenbrand

Es sind die Tränen der Sonne,
Die ich spürte an jenem Tag.
Diese Sonne hat uns erschaffen,
Aber wir schlagen uns tot.

Vom Himmel sieht sie uns.
Verzweifelnd an unserer Dummheit.
Ob es sie zur Weißglut treibt,
Uns so jämmerlich zu sehen?

Ra o Ra

Dein Gesicht am Firmament.
Diese Welt deinen Namen kennt.
Sonne. Gebieterin. Schöpferin.
Du hast diese Erde gemacht.
Von dir sind all unsere Gaben.
Unter dir leben wir Menschen;
Brechen Brot in deinem Namen.

Hail

In der Unordnung des Seins:
Was ist Zufall anderes als
höchste Ordnung im Hervorgebrachten?

Sonnenräder

Sonnenkinder tanzen
Auch im Weltenbrand.
Nichts kann ihre
Freude bremsen,
Nicht einmal
Schmelzende Haut.

Aller Stein war
Aus Sonnenlicht.
Wozu wir auch
Verbrennen:
Wir bleiben Licht!

Wir Heidländischen

Auf die Heidländer:
Auf euch Brüder und Schwestern,
Die ihr dem tausendjährigen
Weltenbrand trotztet,
Als Christen über hundert Millionen
Von uns erschlugen.

Auf euch, die sie Wilde nennen.
Auf euch, die sie Aborigines nennen.
Auf euch, die sie Eskimos nennen.
Auf euch, die sie Indianer nennen.
Auf euch Schamanen und Schamaninnen
Aus dunklen Tälern und eisigen Bergen,
Die ihr tausend Jahre im Untergrund die Linien
Ungebrochen lebtet.

Isa

Stilles Eis umschließt das Herz.
Alles Leben wird verborgen.
Stumm wird auch der Schmerz,
Der hängt an ihrem Namen.

Eisern steht der eine Pfahl
Wie ein Wächter in der Nacht.
Dass er die Stille vernahm;
Jene kämpferische Kraft.

Aus der Ruhe des Moments
Werden wir uns frei kämpfen.
Eine Stille, die eisig brennt.
Nichts kann uns begrenzen.

Sowulo

Im Kampf hab ich gebrannt.
Die Wut, die Glut und mein Mut
In meinem eisernen Herzen
Flammten frei und wild.

Der Kampf ist vorbei.
Es bleibt die Erinnerung
An das Siegesgeschrei.
Der Stolz im Herzen.

Entbehrung und Streit

Die Runen weisen.
Die Runen warnen.
Hart sind die Kämpfe.
Entbehrungsreich.

Ein Mann muss
Aufrechten Hauptes
Seine Prüfungen
Bestehen.

Erhobenen Hauptes
Unterzugehen nach
Einem tugendreichen
Leben ist eine Ehre.

Im Sonnenschein

Komm und spiel mit mir!
Fang mich, wenn du kannst.
Mein Herz, ich geb´ es dir.
Aber nur wenn dein´s rein ist
Und du wahre Liebe bringst!

Geschwollene Brust

Ein negativer Runenwurf
Fällt vor der großen Sache.
Aber ich muss da durch
Und kann mich nicht verstecken.

Mutig steht der Mann
Auch in der dunklen Stunde.
Er hat sich nicht gedrückt,
Starb mutig in der Schlacht.

Ihm und seinen Erben
Hat er Ehre eingebracht.

Ägypten

Nu
In nackt
Nui
Entbrannt
Nuit
Eine ganze Nacht
Der Wollust unter
Ra-hoor-kuits Kraft

Hadit im Zentrum
Reitet die Eine,
Bis eine zweite
Welt entsteht.

Nauthiz

Die Not.
Der Zwang.
Die Führung heiliger Frauen.

Ein kleiner Mann
Im Schicksal gefangen.

Sie, die spinnen
Für Helden und Heldinnen.
Sie, die sich über
Jeden Gott erheben.

Naudr

Der Schwache
Hat versagt.
Sein Schicksal
Misslang.

Der Starke
Hat gewagt.
Sein Schicksal
Gelang.
Unsterblich
Sein Name.

GerWanius

Gebückt.
Gedrückt.
Verloren.

Mutig geschrien.
Niederlagen kassiert.
Dann gewonnen
Und triumphiert.

Flieh und verlier´
Oder bleibe
Und siege!

Dornen

Thurisaz deine Dornen stechen.
Du stehst in meiner Mitte.
Tief drin. Du stichst.
Mahnung oder Weisung;
Wink zum höchsten Ziel?

Thurisaz höre: ich tu´s!
Thurisaz höre: führe mich!
Thurisaz höre: stich mich!

118

Eisenherz

Kinder Germaniens.
Blut aus Eisen.
Geklärt durch das Herz.
Fähig zur höchsten Liebe.
Gehärtet durch Schmerz.
Demütiges bitten
Um Vergebung.

Unverständliche Sitte
Ist der Germanen streben
Nach höchstem Frieden
Und heiligstem Schicksal.

Sternenkinder

Weit ist der Weg
zu den Sternen.
Weiter als jeder
Marathon.
Lasst uns ihn
betreten und
bis zum Ende
gehen!

Weltübergreifende Elegie

Einem Odem
gleich
Ist die Freundschaft
zwischen
Mensch und Gott

Bücher sagen:
Es gibt viele Götter
und endlose Menschen.
Niemand
kennt
ihre wahren Namen,
der ihr Herz nicht
kennt.

Wahres
Hinter Schleiern
Des Heiligen

Treffen zwischen
Mensch und Gott

[unendlich ist die
Zahl der Welten,
die entstehen, bestehen, vergehen

und kommen werden]

Das Wahre,
das tief und endlos ist,
dass es im ewigen
Nichts verrinnt

Schau ins Nichts
uns vergiss dich nicht
Begreift!
Wirkliches ist

Drei heilige Frauen

Urd – das Schicksal
Werdandi – die stillende Mutter
Skuld – die Tänzerin

DER Medizinmann

Ich bin der große Medizinmann
Und sage, es ist Zeit aufzustehen,
Um zu kämpfen für jedes Leben!

Licht und Dunkelheit

Kein Engel,
der sie gerettet hat.
Kein Engel,
der sich für sie interessierte.

Aber Riesen, Elfen und Nornen
starben gemeinsam mit uns,
als die dunkle Zeit begann.

Das Licht ist zurückgekehrt.
Wir sind wieder erwacht.
Eine neue Zeit, ein neues Äon
hat uns zurück gebracht.

Der Tod

Menschen, die töten,
nehmen dem Tod
sein Vorrecht zu töten

Sie sollten sich fürchten!

Denn dem Tod
sein Vorrecht zu
töten zu nehmen,
könnte sie ihr
Leben kosten.

goldener Wassermann

Das Weinen und Schreien
der gepeinigten Heiden
überall auf dieser Erde.

Welche Macht wird sie
erhören und erlösen?

Es gibt nur ein Ende:
Gerechtigkeit für die
Gejagten und Versklavten!

Der Tag ist nah,
da die Rache geschah,
geschieht und geschehen
wird.

Berliner Heiden

Es brennt!
Der Feind sät
Und züchtet seine Armee
Zu lange schon!

Wir werden vertrieben.
Finanziell aufgerieben
Und vergessen gemacht.

Erwacht! Erwacht!
Nach 1000 Jahren des Terrors
Ist der Tag des Friedens nah!

Baumringe

Tropfen der Zeit.
Jeder Tag
existiert nicht,
ist nicht,
ward nie, wird nie
sein ...

Aber wir sind;
du und ich!
Wo? Wann? Warum?

Donnerer

Zerreiß die Worte
Mit deiner Stille.
Zerreiß den Scheiß,
Den sie Moral nennen.

Sie lügen
Sich selbst
Von morgens
Bis abends an.

Selbst wenn
Sie vor ihrem
Spiegel stehen,
Lügen sie sich
Ins Gesicht!

Meterdicke Stämme

Hoffnung ist gestorben
Nach all den Morden
An unserem Heidenvolk.

Welt, du hast uns vergessen,
Aber wir sind zurück und
Werden uns allen zeigen.

Die erinnerte Last wiegt
Zehntausende Jahre alt.
Die Wahrheit siegt
Als alte und neue Tradition.

Donnarschläge

Der Winter kommt.
Der Sommer geht.
Mitten im Herbst.
Buntes Laub und
Endloser Regen.
Ein bisschen Schnee.

Im Wald,
Gekauert unter einem Baum.
Der Hund und ich
Pitschnass.
Der Stein in der Hand
Aus Angst,
Um ihre Schädel
Zu spalten.

Aber dann

        klar und fein

                zart und rein

Das Gespür

        für´s kleine Volk.

Rückkehr der Göttin

und dort …
In jenen Tagen!
Heute so fern,
Was zum greifen war.
Wir erben
Die Früchte
Heutiger Samen.

Sie werden
Uns tragen
In dunklen Stunden
Und grellem
Sonnenschein.

Söhne und Töchter!
Ihr seid
nicht allein.
Empfangt meinen
Segen
!

Cernunos

Zitzen. Titten. Kitzeln.

Pfaffen anblaffen.
Im Beichtstuhl ficken.

Kleine Titten. Kleiner Schwanz.
Alles richtig.
Technik zählt. Liebe wählt!

Dem Gehörnten beichten.
Ihm zu Ehren reiten.
Lass sie schreien.
Im Haus. Im Bett. Im Feld.
Sex. Immer. Überall.
Schockiert die Spießerwelt!

Thelema

Tausend Frauen.
Nacktes Fleisch. Gepaart.
Gereiht. Gespeist.

Liebeshunger. Wild entbrannt.
Entzünde die Kerze. Entflamm!
Brenn das Haus nieder,
Den ganzen Staat.
Koste. Liebe. Ficke!

Brüste harter Knospen.
Zungen, die Lippen lecken
Und den Saft kosten.

Hagazussa

Manche sitzen auf dem Zaun und reiten.
Auf der Grenze zwischen den Welten
Lachen sie und kreischen.

Sie sind die Grenzgänger.
Ich der, der hinüber stieg
Und nie zurückkehrte.

Hex, hex

Komplett neu.
Komplett anders.
Mich ganz einfach
Neu erfunden.

Alte Schlangenhaut
Abgestreift.
Krone gerichtet,
Nase hoch und
Rein ins Abenteuer.

Urdus

Tot.
Im Angesicht der Not.
Der Wahrheit des Schicksals.

Es sammelt sich
Das Leid.
Es schreit.

Jetzt verreckt.
Im gestern ewig.
Ohne Ende.

Nuit

Sie leben und streben
Nach der Königin Macht.
Sie steht und lebt
Unerreicht über uns.

Ihre Flügel die Liebe.
Ihr Antlitz das Strahlen.
Kein Akt, der nicht
Geschieht in ihrem Namen.

Geflügelt die Schlangen.
Umringt ihr Leib.
Das Tanzen der Sterne
Ist ihr Himmelskleid.

Spirituelle Reise

Am Ende des Berges
tat sich ein neuer auf.
Größer. Unerreichbar.

Das war
Vor ein paar Jahren.
Er ist
Bestiegen. Erklommen.
In mühseliger Reise.
Schritt für Schritt.
Ein riesen Stück
Bin ich geflogen.

Schicksal

Mich trauen
Den Traum
Meines Herzens
Trotz aller Schmerzen
Zu leben und
Bis zum Ende
Zu gehen

Schlangennest

Wahn!
Es treibt in mir herum
Sich diese Energie.
Krumm.

Schmerz.
Die Macht dieser Menschen
Schnürt mir den Bauch.
Kämpfen.

Trübsinn.
Sie lassen mich allein sein,
Aber es ist nur ein Gefühl.
Schein.

Tiwas.
Das Feuer brennt rot
Und trägt mich durch die Schlacht.
Erwacht.

Zukunft.
Ungewiss wie hart
Ihre Schläge sind.
Sieges Ankunft.

Der Löwe

Nein sagen.
   Heil bleiben.
Erhobenen Hauptes
   Gehen!

Sie sollen sehen,
Wie frei du bist
Und wie unerreichbar
   für sie!

Eiland

Der erste Hauch
Des Frühlings naht.
Gestern riefen die Druiden
Zur Frühlingszeremonie.

Ich freue mich
Auf vier Elemente.
Gespielt von vier
Schönen Frauen.

Völva

Das Tarot
War froh,
Mich zu zerstören.

Die Nornen
Schimpfen
Und schreien
Und fluchen
Über mich.
Denn ich bin jener,
Der sich selbst
Im Wege steht.

EoA sagt es
Das Tarot
Und ich bin froh,
Dass Übermenschliche
Mit mir sind.

Wintersonnenwende

Rauhnächte
bedächtig.
Werfen Schatten
  auf ein neues
    Jahrzehnt.

Stein auf Stein
  aufbauend.
Zukunft schauend.

Es kann
  gelingen.
Ich es
  vollbringen.

Ger

Hochmut kommt vor dem Fall.
Aber hoher Mut ist nötig,
Um den Gipfel zu erklimmen.

Sei nicht wütend, sagen sie,
Aber wie soll ich meine
Feinde sonst bezwingen?

Ich liebe mein Leben.
Manche wollen es mir
Mit Gewalt nehmen.

Wie soll ich der Gefahr
Ohne Kampf widerstehen?

GerWaniens Heiden

Tage zogen ins Land:
Über 400000.
Versteckt warten wir gebannt
Auf den Befreier.

Not. Tod. (Angst) Lebendig verbrannt.
Sie haben uns 1200 Jahre gejagt.
Jeden Haufen haben sie umgegraben.
Gehetzt von ihren mordlustigen Scharren.

Er ist nah!
Kaum 4000 Tag.
Dann entscheiden wir
Für immer
Mit Wahrheit
Die letzte Schlacht.

Traditionalisten

Die alte Lehre wollt ihr sein.
Zeitgleich in neuem Gewand
erscheinen.
Lügt nicht!
Hier und jetzt!
Mehr ist da nicht.

Klar; zwischen heute und morgen,
nur hier an diesem Ort
und zu dieser Zeit
können wir verweilen.

Kämpfer

-Mut-
Ich hab es getan.
Es tut gut!

-Stärke-
Ich reiße es ein
Mit mehr als Härte.

-Kraft-
Nach tausenden Stunden
Ist es geschafft!

Sternstunden

Zeit zerreißt dein menschliches Herz.
Sie ist deine Herrin und spricht
Für dich.
Ob Glück oder Schmerz,
Beuge dich ihrer demütlich.

Die Stunden vergehen im Fluge.
Es naht das Ende mit jedem Schritt.
Der letzte Atem in einem Zuge.
Danach beginnt der Spatenstich.

Sprich zu ihr, der du ihre Sprache
missverstehst.
Leide unter ihr, obwohl sie dich
beschützt.
Angst und Schmerz könnten endlos
sein.
Sie nur! - kann dich aus der kältesten
Hölle befrei´n.
Ach egal (denkst du dir?)!
Nichts das ist, ist was es ist,
außerhalb von ihr.

Decke mit Geld

Ein Fluß aus Menschen-
Fleisch gesucht.

Ein Bruch der Ebenen-
Zeit verstreicht.

Ein Haufen Kinder-
Seelen gebären.

Die Liebe ist stark -
Gefahr lauert überall!

Schaman

Energie.
Unruhe. Gespannt.
Davor.

Mittendrin. Sind.
Sie. Wir. Ihr.

Danach. Lach.
Frei und Sein.

Himmelstor

Es ist …
Vermisst!
Das Loch gegraben
Mit nackter Hand.

Leben um Leben
Folgt dem Tod.
Bruder und Schwester
Aus der Not.

Wir träumen
Am Leben zu sein.
Wer von euch
Kann es beweisen?

Treppen im Sand

Folge mir
      in die Nacht.
Lass hinter dir
den Stress
      ihrer Welt.

Lach. Tanz. Schrei.
Sing und sei
      frei!

Wir sind die Kinder
      einer neuen Welt.
Wir können feiern,
      Wie es uns gefällt.

Leb. Spring. Flieg
      mit mir ins
hier und jetzt;
Unser eigenes Paradies.

Gorin

Der Sand am Strand
Des alten Sees,
Der mir aus
Kindertagen bekannt.

Fremde Soldaten hatten
Ihre Panzer
Darin gewaschen.
Den Schmutz von
Generationen Menschen
Hat er gelassen.

Ihre Namen
Schrieb ich in den Sand.
Mit mir in Gedanken
Reisen sie durch
Die Welt und
An alle Enden der Zeit.

Du

Die Zeit rennt
ohne Pause
schneller und schneller

Es ist
deine Zeit
Das bist
du

Dein wahres
Selbst
Ist das verstreichen
der Zeit

Sieh wie viel
Noch bleibt

Stolz!

100 Millionen
gejagt, verbannt, ermordet!

Heiden
könnt ihr verstehen,
was sie unseren
Ahnen antaten?

Stolz in der Brust,
Im Herz und im Geist!
Stolz heidnisch,
pagan, naturreligiös,
wicca, hindi
zu sein.

Wahre Freunde

Wieder allein,
Aber nie wieder
Einsam sein.

Kein Mensch
Ist bei
Mir und doch
Bin ich nicht
Allein.

Wir

Ich spüre,
Ich fühle,
Ich bin.

Alles sein.
Jedes gemein-
samsein
Geschieht
In dieser,
In unserer
Natur.

Einheit

Jedes Gefühl
Für Natur
Ist geboren
Aus der
Natur!

Jedes Kind
Dieser Erde
Ist ein
Erdenkind.

Unsere Umwelt
Ist Heimat.
Sie ist
Unsere ganze
Welt.

Naturreligiös

Angst und Schmerz
Fressen sich tief
In mich herein.
Aber mein Herz
Muss diese Pein
Ertragen lernen.

Verleugnet in den
Büchern der Geschichte.
Vergessen gemacht
Ist jene Kultur,
Die die Menscheit
Hervorgebracht hat.

Geschichte Tysklands

1000 Jahre Krieg
Zwischen Christen und Heiden.
Nirgends steht´s geschrieben.
Die Sieger wollen´s verschweigen.

Die Unschuldigen werden
Wieder vertrieben.
Denn überall sollen
Buchmonotheisten leben.

Es naht
Ein neuer Tag.
Das Ende all des Unrechts,
Dass uns Heiden geschah.

Schamanin

Trommeln schlagen
Trommelschläge malen
Den Weg in eine andere Welt

Krafttier. Spirit. Gott.
Bist du noch
Du oder schon
Verwandelt?

Waldgeister

Deine Natur,
Sie gehört dir.
Nimm sie an.
Sei ihr Kind.
Lache. Tanze.

Lebe, als ob
Es alles ist.
Denn das
Ist es und
Wird es
Immer sein!

Sippen

Brüder, Schwestern,
Kinder und Ahnen.
Wir müssen das Erbe
Der Heiden auf unseren
Schultern tragen lernen.

Lebt. Atmet.
Seid!
Befreit!
Bereit die Welt
Schöner
Zu zaubern.

Jetzt

Zeit verstreicht!
Wir sind alle
Gelangweilt.

Vergessen wir
Das Geschenk,
Dass jeder
Augenblick
Unwiederbringlich
Ist?

Genieß!
Leb! Lieb!
Tanz und feier!

Wurzeln und Kronen

Wir Menschen
Auf Erden
Sind nur ein paar
Unter all
Den Sternen.

Die Natur,
Diese Erde,
Das ganze Universum;
Vielleicht gibt es
Noch mehr.

Hexen

Hexen hexten,
Als sie verbrannten
Auf den Scheiterhaufen.

Sie riefen uns!
Leider kommen wir
Zu spät.

Jetzt hexen wir!

Scheiterhaufen

Gesucht in jedem Dorf,
Auf jedem Berg, in jedem Tal.
Verhört und verbrannt,
Verurteilt;
Wenn man sie gefunden hatte.

Alles was sie wollten,
War ein Stück der Magie,
Die diese Welt erschaffen hat.

Verbrannt von ihnen!

Doch auch um
Uns zu mahnen,
Niemals die Suche
Aufzugeben,
Nach der Magie
zu streben,
Die in jedem Herz
Verborgen.

Über den Autor:

niemand,
niemals,
nirgendwo
und doch durch
den Urknall prädestiniert.